Noch im Kindergarten

Zeichne in den Bilderrahmen ein Bild von dir im Kindergarten.

Klebe hier ein Kindergarten-Foto von dir ein.

Beantworte die Fragen 1 bis 5.
Deine Eltern schreiben auf, was du zu sagen hast.

 Was magst du im Kindergarten am liebsten?

 Hast du ein Lieblingslied aus dem Kindergarten?

 Was gefällt dir im Kindergarten nicht so gut?

 Was wird in der Schule wohl anders sein als im Kindergarten? Fallen dir Unterschiede ein?

 Was möchtest du in der Schule als Allererstes machen?

Ins Gespräch zu kommen und im Austausch zu bleiben, ist die wertvollste Basis, um gemeinsam durch den Einschulungsprozess zu gehen. Auf dieser Seite darf Ihr Kind diktieren, was Sie aufschreiben. Nutzen Sie die Fragen als Gesprächsimpulse. Die bevorstehende neue Lebensphase und die damit verbundenen Veränderungen werden bei Kindern und ihren Eltern meistens von unterschiedlichsten Gefühlen begleitet: von Erwartungen und Wünschen, aber möglicherweise auch von Ängsten und Sorgen. Bei Eltern werden manchmal Erinnerungen an eigene Schulerfahrungen wach. Die Vorstellungen Ihres Kinder können sich davon erheblich unterscheiden, und das dürfen sie auch! Vielleicht hatten Sie selbst eine tolle Schulzeit, während Ihr Kind sich vor der Schule fürchtet – oder umgekehrt. Wichtig ist, dass alle Gefühle ihren Raum haben, wahrgenommen und akzeptiert zu werden. Für Sie als Eltern bietet diese Phase eine Chance, die eigene Schulzeit zu reflektieren. Zentral dabei ist, die eigene Geschichte und die Bedürfnisse des Kindes auseinanderzuhalten, und eigene aktuelle Gefühle nicht auf Ihr Kind zu projizieren. Es wird seine eigenen Erfahrungen machen. Im Austausch darüber zu sein, kann Ihrem Kind helfen, sich begleitet und unterstützt zu fühlen. Die Fragen auf dieser Seite unterstützen Sie dabei, ein erstes Gespräch in Gang bringen. Versuchen Sie, einen guten Zeitpunkt für diese Seite zu finden – lassen Sie sich dafür Zeit und achten Sie auf die Offenheit Ihres Kindes. Auch Ihnen als Eltern steht eine spannende Zeit bevor, in der hin und wieder die eigene Schulgeschichte wieder aufflammt.

Wer sind deine liebsten Freundinnen und Freunde im Kindergarten? Klebe Fotos von ihnen in die Blumen. Du kannst auch ihre Namen in die Abstände zwischen den Grashalmen schreiben. Kommt jemand von ihnen mit in deine Schule oder Klasse? Wenn nicht, wirst du sie trotzdem weiter sehen?

Freundschaften sind im Kindergarten meistens über Jahre gewachsen. Der Wechsel in die Schule bringt oft eine Veränderung im sozialen Gefüge mit sich. Generell gewöhnen sich Kinder meistens schnell an Veränderungen im Freundeskreis. Manchmal ist eine Umfeldveränderung sogar gewünscht und kann positiv wirken. „Alte" Freundinnen und Freunde können Ihrem Kind aber auch helfen, in der Zeit des Übergangs innere Stabilität und Selbstsicherheit zu bewahren. Es kann also sinnvoll sein, enge Kindergartenfreundschaften weiter zu pflegen.

Das Kind ist auf dem Weg zur Schule. Zeichne seinen Weg zuerst mit dem Finger nach. Schaffst du es auch, den Weg mit einem Stift einzuzeichnen? Vielleicht auch den Weg zurück?

Was muss mein Kind schon können, wenn es in die Schule kommt? Das fragen sich viele Eltern, die ihr Kind möglichst gut auf die Schule vorbereiten wollen. Jedenfalls ist es nicht wichtig, bereits schreiben und rechnen zu können, denn um das zu lernen, kommt Ihr Kind ja in die Schule. Wichtig ist die Freude am Lernen! Das bedeutet für Grundschulkinder: Spaß am Ausprobieren und die Motivation, Dinge zu üben. Diese Motivation ist am größten, wenn das Kind von sich aus den Sinn seiner Tätigkeit erkennt oder die Lust daran entdeckt.

Sterne zu zeichnen ist ganz schön schwierig! Aber sie werden oft gebraucht: auf Zeichnungen vom Weltall mit Rakete oder auf Weihnachtskarten. Auf dieser Seite kannst du üben. Zeichne alle Sterne mehrere Male nach. Versuche danach, eigene Sterne zu zeichnen.

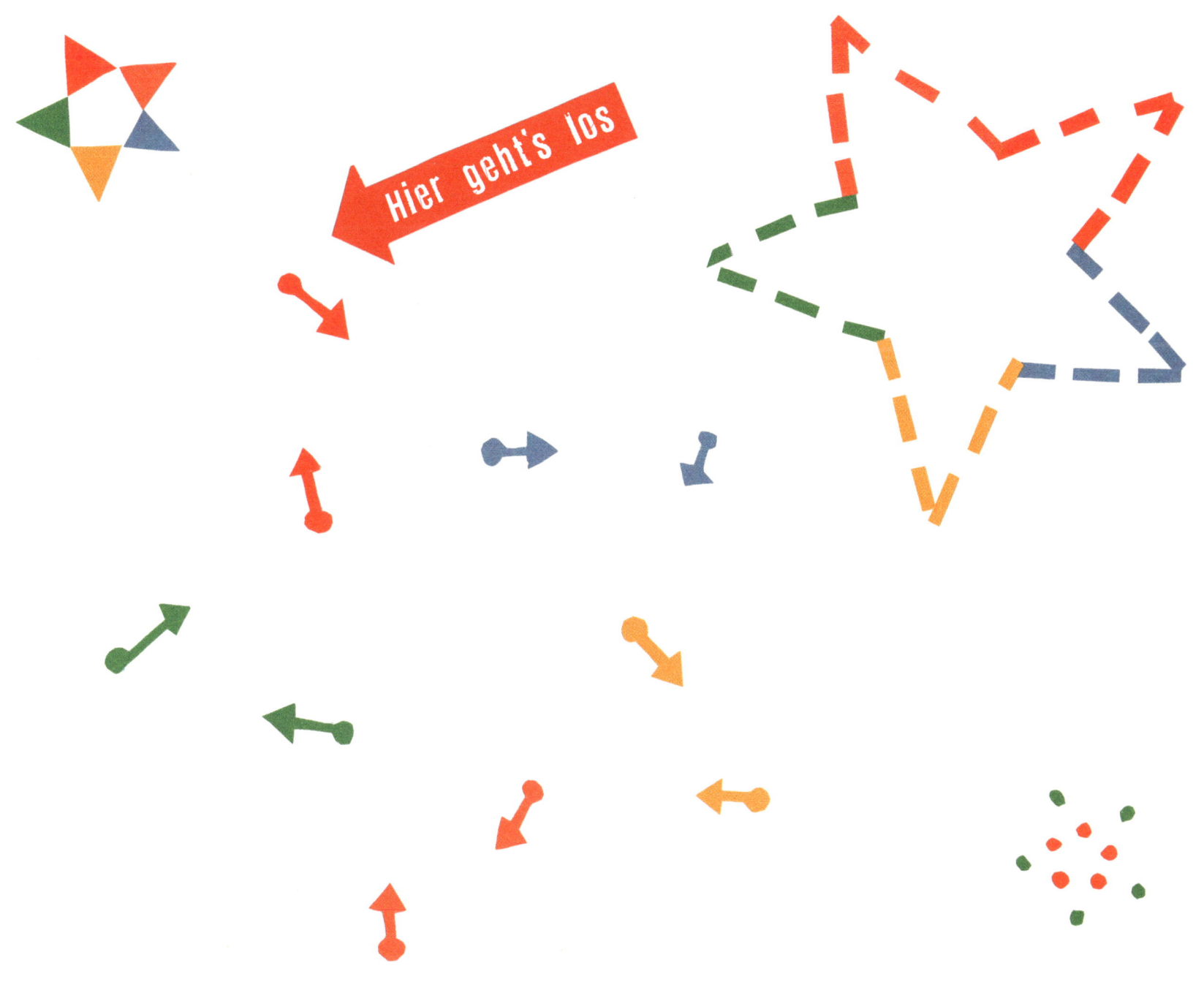

Hier geht's los

In der Schule warten viele neue Kinder auf dich. Überlege gemeinsam mit deinen Eltern, wann du die Sätze, die unten stehen, gebrauchen kannst. Welche Sätze hast du schon verwendet oder möchtest du gerne verwenden? Male die Herzen aus, die vor diesen Sätzen stehen.

Darf ich mitspielen?

Möchtest du mitspielen?

Spielen wir zusammen?

Bitte hör auf!

Kannst du mir helfen?

Entschuldigung!

Wollen wir Freunde sein?

Wann ist es gut, um Hilfe zu bitten? Und wann ist es wichtig, danke zu sagen? Überlegt gemeinsam. Deine Eltern schreiben deine Ideen auf!

Soziale und kommunikative Kompetenzen sind eine wichtige Voraussetzung für jedes Kind, um sich im neuen sozialen Gefüge der Schule zurechtzufinden. Über Situationen zu sprechen, die sich voraussichtlich einstellen werden, kann Ihrem Kind Mut machen. Das betrifft einerseits verschiedene Situationen mit den anderen Kindern. Aber auch Erwachsene um Hilfe zu bitten, ist nicht für jedes Kind einfach, in der Schule jedoch nützlich. Falls Ihr Kind sehr schüchtern ist, können Sie im Alltag ein bisschen mit ihm üben. Vielleicht kann Ihr Kind auf dem Markt nach dem Preis für Äpfel fragen oder den Busfahrer nach der nächsten Haltestelle. Halten Sie Ausschau nach passenden Situationen. Auch im Restaurant nach der Toilette zu fragen, ist für die meisten Kinder eine Herausforderung.

Wenn du Daumen und Zeigefinger deiner beiden Hände weit auseinanderziehst, bilden sie bei deiner linken Hand ein L. So kannst du dir ganz leicht merken, wo links ist. Du kannst dir auch ein Armband aus Perlen auffädeln und um dein linkes Handgelenk legen oder die Fingernägel deiner linken Hand lackieren. Es ist wichtig zu wissen, wo links ist: Wenn du über die Straße gehen möchtest, schaust du erst nach links, dann nach rechts, dann nochmal nach links.

Links und rechts unterscheiden zu können, wird zunehmend wichtig für Ihr Kind, nicht nur im Straßenverkehr. Sie können Ihr Kind unterstützen, indem Sie die Unterscheidung möglichst oft im Alltag einbauen, zum Beispiel bei Bitten wie: „Gibst du mir bitte das Handtuch, das am rechten Haken hängt?"
Die meisten Kinder sind übrigens zunächst Beidhänder. Im Laufe der Kindergartenzeit kristallisiert sich meistens eine Hand als die bevorzugte heraus. Es gibt allerdings auch Kinder, die manches mit der einen, manches lieber mit der anderen Hand tun. Generell gilt: Das Kind darf und soll selbst entscheiden, was es mit welcher Hand tut. Wenn es einem Kind anhaltend schwerfällt, links und rechts zu unterscheiden, könnte das ein Hinweis auf eine leichte Legasthenie sein. Allerdings brauchen auch nicht-legasthenische Kinder oft lange, bis sie links und rechts sicher unterscheiden können. Dasselbe gilt für spiegelverkehrte Buchstaben. Am Anfang des Schreibenlernens sind sie völlig normal, im Laufe der Jahre werden sie weniger.

Auf dieser Seite bist du dran. Die Farbe Lila steht hier für links. Nimm deshalb einen lila Stift, lege deine linke Hand mit dem L aus Daumen und Zeigefinger in den Kreis und zeichne den Umriss nach. Male deine Hand dann lila aus.

Farben mischen: Lila lässt sich wunderbar selbst zusammenrühren. Sie können einen langen Nachmittag in den Sommerferien vielleicht für ein Farbmisch-Experiment nutzen: Aus rot und blau entstehen je nach Farbanteilen verschiedenen Lilatöne. Farben zu mischen übt eine große Faszination auf Kinder aus. Der Klassiker beim Experimentieren: So lange zu mischen, bis braun herauskommt. Dann ist die Enttäuschung oft groß. Aber auch die Erfahrung des Misslingens ist Teil eines Lernprozesses: „Fehler" zu machen gehört dazu!

Hier ist Platz für gute Wünsche und Erinnerungen von deinen Erzieherinnen und Erziehern aus dem Kindergarten.

Bestimmt kannst du schon ein paar Wörter erkennen. Kreise das Wort ICH im Gedicht unten ein. Wie oft kannst du es finden? Manche Wörter im Gedicht reimen sich. Fallen auch dir Reimwörter auf die Wörter ICH und MUT ein?

ICH BIN ICH
UND DAS IST GUT.
WAS ICH KANN,
DAS MACHT MIR MUT.

JEDER IST ANDERS - SICHERLICH,
DOCH SO WIE ICH BIN,
SO MAG ICH MICH.
ICH BIN ICH.

Worterkennung ist eine gute Vorübung zum ganzheitlichen Lesen. Dabei werden nicht die einzelnen Buchstaben erlernt und dann verbunden, sondern das Wort als Gesamtbild erfasst. Es ist viel Abstraktionsvermögen notwendig, um die Laute, aus denen ein Wort zusammengesetzt ist, zu verschriftlichen. Bis alle Rechtschreib- und Grammatikregeln von Ihrem Kind behalten und bedacht werden, vergehen Jahre. Dieser Prozess erfordert einige Geduld, auch von Ihnen.

Zeichne dich selbst in deiner Lieblingskleidung. Bitte dann deine Eltern, rund um dein Selbstporträt zu schreiben, was du an dir magst und was du richtig gut kannst.

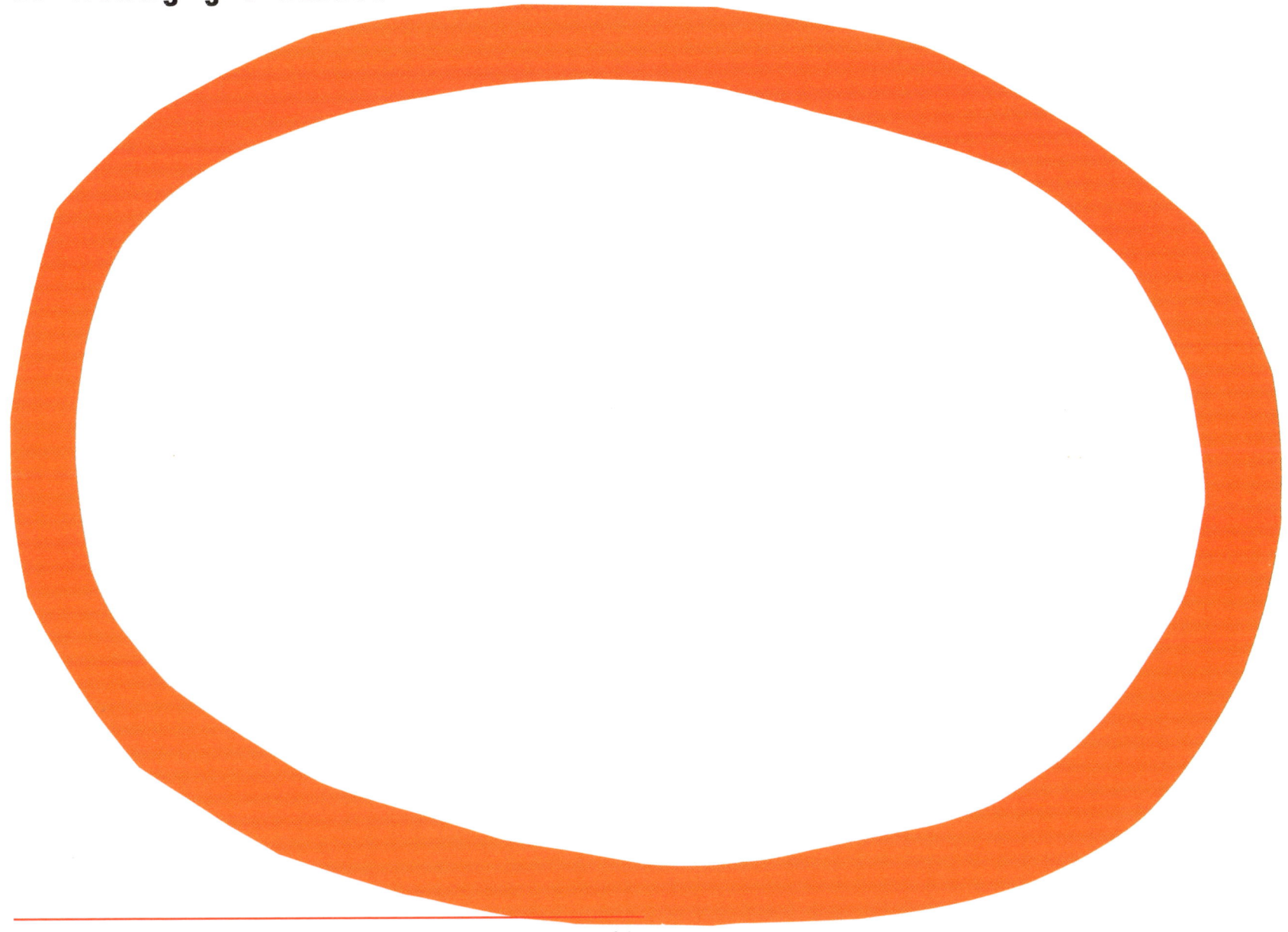

„Stärken zu stärken" ist einer der wichtigsten Grundsätze der modernen Pädagogik. Zu viel Tadel und Kritik erschüttern das Selbstbewusstsein und erzeugen dadurch eher Lernblockaden als Lernen zu fördern. Es ist wichtig, dass ein Kind sich seiner selbst sicher ist. Nur in einer wohlwollenden Grundatmosphäre kann es auch Kritik annehmen. Vermitteln Sie Ihrem Kind so oft wie möglich: „Du bist gut, so wie du bist". Dann kann es auch eher sachliche und konkrete Anmerkungen dazu annehmen, an welcher Stelle es noch etwas verbessern kann. Vielleicht nehmen Sie den Text auf der linken Seite zum Anlass und fragen Ihr Kind einfach einmal, ob es zufrieden mit sich ist, was es an sich selbst mag und was vielleicht nicht so gerne.

Mit deiner Fantasie kannst du tolle Dinge entstehen lassen. Hast du Ideen, was aus diesen Kreisen werden könnte? Nimm dir einen oder mehrere Stifte und lass unterschiedliche Dinge aus diesen Kreisen entstehen.

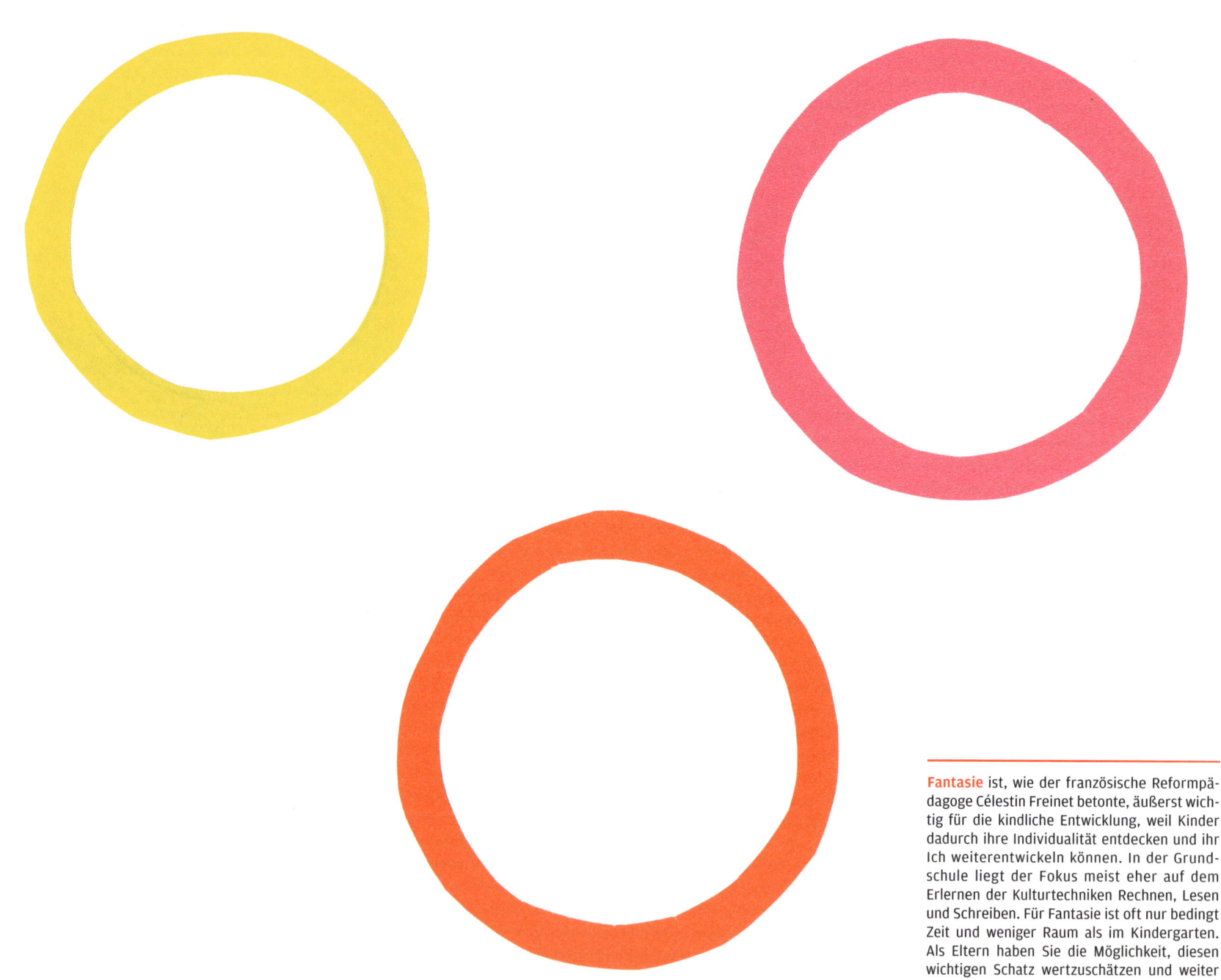

Fantasie ist, wie der französische Reformpädagoge Célestin Freinet betonte, äußerst wichtig für die kindliche Entwicklung, weil Kinder dadurch ihre Individualität entdecken und ihr Ich weiterentwickeln können. In der Grundschule liegt der Fokus meist eher auf dem Erlernen der Kulturtechniken Rechnen, Lesen und Schreiben. Für Fantasie ist oft nur bedingt Zeit und weniger Raum als im Kindergarten. Als Eltern haben Sie die Möglichkeit, diesen wichtigen Schatz wertzuschätzen und weiter zu fördern.

Welche Formen kennst du? Wenn du das Dreieck (mit drei Ecken) und das Viereck (mit vier Ecken) entdeckt hast, rate mal, welches das Fünfeck ist. Schneide alle Formen auf diesen beiden Seiten aus und lege daraus eine Figur. Auf der nächsten Seite kannst du sie einkleben.

Die Formerkennung ist eine wichtige Grundlage für geometrisch-mathematisches Denken. Helfen Sie Ihrem Kind, alle Formen zu erkennen und zu benennen. Die Benennung aller geometrischer Formen wird Ihr Kind zwar erst später erlernen, aber das gemeinsame Rätseln macht vielen Kindern schon früher Spaß. Und es ist immer gut, das spielerische Lernen im Vordergrund stehenzulassen: Warum heißt ein Dreieck wohl Dreieck und ein Viereck Viereck und ...? Schneiden Sie anschließend gemeinsam zuerst die beiden Seiten aus dem Buch, damit Ihr Kind die Formen dann leichter ausschneiden kann. Der gekonnte Umgang mit einer Schere gehört übrigens zu den Voraussetzungen für den Schulalltag. Das Gleiche gilt für den Umgang mit einem Klebestift. Hier ist Übung gefragt! Beim Zusammensetzen einer Figur ohne Vorlage kann Ihr Kind fantasievoll sein und zugleich spielerisch ausprobieren, ob sich seine abstrakten Vorstellungen umsetzen lassen.

Hier ist Platz für deine Figur aus Formen. Gibst du ihr einen Namen?

NAME:

Bei kreativen Gestaltungsprozessen lernen Kinder außerordentlich viel. In der Kreation erfahren sie ihre Selbstwirksamkeit, indem sie aus dem, was zur Verfügung steht, Neues entstehen lassen. Gerade beim „selbstgesteuerten" Vorgehen kann es auch passieren, das etwas nicht so funktioniert, wie das Kind es sich gedacht hat. An dieser Stelle können Kinder lernen, aus dem Scheitern heraus neue kreative Lösungen zu entwickeln, sie lernen durch Versuch und Irrtum. Dabei erhöht sich ihre Frustrationstoleranz und sie nehmen sich erneut als selbstwirksames Subjekt wahr. Helfen Sie Ihrem Kind gerne bei der Arbeit, aber eher als Begleiter oder Ratgeberin auf Anfrage oder indem Sie Ihr Kind zwischendurch ermutigen. Der schöpferische Akt sollte nur behutsam begleitet und nicht gestört werden. Überlassen Sie die kreative Leistung vertrauensvoll Ihrem Kind.

Schneide die Wochentage aus und klebe sie mit Hilfe deiner Eltern in richtiger Reihenfolge auf. Machst du an manchen Tagen immer dasselbe? Gehst du zum Beispiel an einem Tag immer zur Oma, zum Schwimmen oder Kuchen essen? Zeichne deine Oma, das Schwimmbad, einen Kuchen oder sonst etwas zu diesem Tag. So entsteht dein eigener Wochenplan. Wird sich daran etwas ändern, wenn du in die Schule kommst?

Den Wochenplan zu besprechen ist ein guter Anlass, sich gemeinsam mit Ihrem Kind auf Änderungen einzustellen, die die Schule mit sich bringt. Vielleicht ist es möglich, dass die ein oder andere Gewohnheit gleich bleiben kann. Wenn beispielsweise der Großelterntag gleich bleibt, kann das Ihrem Kind Stabilität vermitteln. Aber auch neue Rituale wie zum Beispiel ein Kuchennachmittag jeden Freitag nach der Schule können Spaß machen. Versuchen Sie generell, das Nachmittagsprogramm anfangs übersichtlich zu halten. Die Eingewöhnung in den Schulalltag ist für fast alle Kinder erst einmal anstrengend und verlangt nach erholsamem Ausgleich danach. Versuchen Sie herauszufinden, was Ihrem Kind guttut – Kuscheln, Vorlesen, Bewegung oder ein gemeinsamer Imbiss? Auch wenn Medienkonsum zum Abschalten für Jung und Alt verlockend ist, halten Sie ihn nach Möglichkeit in Grenzen.

MONTAG

SONNTAG

DIENSTAG

FREITAG

DONNERSTAG

MITTWOCH

SAMSTAG

Leisten Sie Lesehilfe, falls Ihr Kind schon Freude am Erkennen von Buchstaben hat. Sie können mit Hilfe der Anfangsbuchstaben gemeinsam die Tage erraten. Ist der MMMMM-Montag schon vergeben? Welcher Wochentag könnte der andere Tag mit dem MMMM sein? SAAAmstag und SOOOnntag lassen sich gut an ihrem zweiten Buchstaben unterscheiden. Das „O" ist einfach, weil es dieselbe Form hat wie die Lippen, wenn man ein „O" spricht. Gemeinsames Rätseln und dadurch spielerisches Lernen macht Spaß.

Bald ist es soweit!

Zeichne ein Bild von dir in den letzten Sommerferien vor Schulbeginn.

Was kannst du schon alles?

Wahrscheinlich kannst du deine Stifte schon gut alleine anspitzen, oder?

Kannst du schon alleine deine Jacke anziehen, deine Schuhe binden und dich zum Turnen umziehen?

Bestimmt kannst du auch schon viele Dinge, die hier nicht zu sehen sind. Zeichne oder schreibe sie dazu!

Grob- und feinmotorische Grundfertigkeiten zu beherrschen, erspart Ihrem Kind in der Schule einigen Stress. Für Übergangsphasen – beispielsweise vom Unterricht zum Sportunterricht – ist die Zeit meist knapp bemessen. Daher ist es hilfreich, wenn Ihr Kind sich zügig an-, aus- und umziehen kann. Bei kniffligen Reißverschlüssen und beim Binden der Schuhe hilft üben. Vielleicht finden Sie in den Ferien Zeit, Ihr Kind zu mehr Selbstständigkeit zu ermutigen. Auch der geübte Umgang mit Spitzer, Schere und Kleber hilft im Schulalltag.

Wie hat es mit dem Ausschneiden der Formen weiter vorne geklappt? Bist du fit mit Schere und Kleber?

Kannst du schon deinen Namen schreiben und deinen Eltern helfen, deine Schulsachen zu beschriften?

Kennst du die Farben der Ampel und was sie bedeuten?

Wenn du noch nicht alles kannst, auch nicht schlimm! Einfach üben!

Dinge des täglichen Schullebens. Es ist sinnvoll, mit den meisten Besorgungen zu warten oder nachzufragen, ob die zukünftige Lehrperson spezielle Dinge erwartet. Viele Lehrerinnen und Lehrer geben eine Liste benötigter Dinge heraus, teilweise mit unterschiedlichen Vorlieben. Beispielsweise sind gute Anspitzer meist ohne Dose und der Gang zum Mülleimer kann eine kleine Bewegungspause für Ihr Kind darstellen. Manche Lehrkräfte empfinden die häufigen „Anspitzwege" jedoch als Unterrichtsstörung. Dann sind Anspitzer mit Dose erwünscht und sinnvoll. Wichtig ist ein Schulranzen mit möglichst wenig Eigengewicht, um den Rücken Ihres Kindes zu schonen. Ergonomische Schulranzen sind oft gut, allerdings ist darauf zu achten, dass sie nicht durch zu viele ergonomische Extras am Ende sehr schwer ausfallen. Eine lohnenswerte Investition sind gute Buntstifte, deren Mine nicht sofort bricht, wenn sie einmal zu Boden fallen. Auch ein guter, nicht schmierender Radiergummi ist sinnvoll. Es ist hilfreich, alle Dinge zu beschriften, damit sie wieder auffindbar sind. Für Schulneulinge ist es oft sehr schwierig, alle ihre Siebensachen beisammen zu halten! Gemeinsam die vielen neuen Dinge mit dem Namen Ihres Kindes zu beschriften macht Spaß! Es ist außerdem sinnvoll, weil es Ihrem Kind hilft, einen Überblick zu bekommen, abzuspeichern und später zu erinnern, was ihm oder ihr gehört und möglicherweise fehlt. Übrigens: Falls das Schuhebinden noch nicht so gut klappen sollte, sind Schuhe mit Klettverschluss eine gute Alternative – auch für den Schulsport.

Kennst du schon den Weg zu deiner Schule? Zeichne hier gemeinsam mit deinen Eltern den Weg von eurem Zuhause zur Schule ein. Wie heißt deine Adresse, von der aus du losgehst? Woran kommst du vorbei? Gehst du zu Fuß oder fährst du mit Fahrrad, Auto oder Bus?

Auf dem Schulweg werden Schulanfängerinnen und Schulanfänger meistens von ihren Eltern begleitet. Aber früher oder später wird Ihr Kind ihn alleine gehen. Nutzen Sie diese Seite, um den Schulweg mit Ihrem Kind zu besprechen und es damit vertraut zu machen. Vielleicht fangen Sie an, angeleitet von Ihrem Kind, den Weg einzuzeichnen und Ihr Kind zeichnet Details dazu. Besprechen Sie zum Beispiel, wo eine Straße überquert werden muss, aber auch, ob es am Schulweg etwas gibt, das Ihrem Kind gut gefällt. Vielleicht eine nette Bä-ckerei oder einen schönen Baum ... Legen Sie den Schulweg schon vor Schulbeginn einige Male gemeinsam mit Ihrem Kind zurück und merken Sie sich, wie lange Sie dafür benötigen. Achten Sie später darauf, dass Ihr Kind auf jeden Fall einige Minuten vor Unterrichtsbeginn in der Schule ankommt, damit es sich in Ruhe umziehen und ankommen kann.

Natürlich müssen Kinder in der Schule auch stillsitzen. Deshalb ist es gut, wenn du dich am Nachmittag und am Wochenende viel bewegst, am besten draußen. Male auf diese Seite, was du gerne machst - Radfahren, auf dem Spielplatz klettern, Rollschuh fahren oder etwas ganz anderes?

Ausreichend Bewegung, mindestens eine Stunde täglich, ist als Ausgleich zum vielen Sitzen in der Schule unbedingt empfehlenswert, damit Ihr Kind gesund bleibt. Nicht nur Muskeln und Durchblutung werden dabei gefördert. Das „Auspowern" produziert Endorphine und sorgt dafür, dass Ihr Kind sich anschließend besser entspannen (oder konzentrieren) kann. Suchen Sie mit Ihrem Kind nach Formen der Bewegung, die ihm wirklich Spaß machen und die es ohne großen Aufwand praktizieren kann.

Auf diesen beiden Seiten gibt es ein paar lustige Übungen!
Male erst einmal die liegende Acht mit vielen bunten Stiften nach.
Probiere aus, ob du es in beide Richtungen schaffst.

Hast du schon einmal ein Freundschaftsband geflochten? Mit ein bisschen Hilfe kriegst du es bestimmt hin.

Kannst du auf einem Bein stehen? Versuche auch einmal, auf dem anderen Bein zu stehen. Wie viele Sekunden klappt es?

Konzentration. Kinder, die sich gut konzentrieren können, haben es in der Schule oft leichter. Generell gilt, dass sich Kinder im Einschulungsalter selten länger als 15 Minuten konzentrieren können. Eine Ausnahme bildet die intrinsisch motivierte Aufmerksamkeit, bei der das Kind aus sich selbst heraus hochmotiviert ist. Im schulischen Kontext wird die Konzentration jedoch meistens von außen eingefordert. Auch diese Form der Konzentration ist erlernbar, braucht aber Zeit und Übung. Letztendlich sind Kinder natürlich sehr unterschiedlich und das ist auch gut so. Die Gründe für schlechte Konzentration sind vielfältig! Wichtig ist für Sie als Eltern, etwa bei den Hausaufgaben, eine gute Balance zu finden. Einerseits können Sie Konzentration in einem überschaubaren und realistischen Rahmen von beispielsweise 10 Minuten durchaus einfordern, andererseits sind die Anerkennung der aktuellen Grenzen Ihres Kindes und ein geduldiger Umgang damit angebracht. Wenn Ihr Kind also bei einer Aufgabe besonders zappelig ist, können Sie versuchen, der Tätigkeit Ihres Kindes auch Ihre eigene Aufmerksamkeit schenken – zu zweit fällt die Konzentration oft leichter. Vielleicht braucht Ihr Kind aber auch Bewegung oder eine Pause. Geben Sie diesen Bedürfnissen Raum. Ein Kind, das bei sich ist und seine eigenen Bedürfnisse wahrnimmt, wird nicht nur bei der Einschulung, sondern ein ganzes Leben lang davon profitieren.

Bist du schon einmal auf einem liegenden Baumstamm balanciert?
Du kannst auch einfach mit Kreide eine Linie auf dem Boden malen
und darauf balancieren.
Wo kannst du noch
balancieren üben?

Diese Übung ist besonders schwierig, macht aber Spaß: Mal mit einer Hand Kreise um deinen Bauchnabel und klopf gleichzeitig mit der anderen Hand sanft auf deinen Kopf! Versuch es auch andersrum und wechsle die Hände ab.

Das Zusammenspiel von linker und rechter Gehirnhälfte ist von großer Bedeutung für die kindliche Entwicklung. In unserer Gesellschaft, und auch im schulischen Kontext, ist die linke Gehirnhälfte – zuständig für analytische, logische, lineare Prozesse – stärker gefordert. Für eine ganzheitliche Entwicklung ist die Zusammenarbeit mit der rechten, der kreativen und intuitiven Gehirnhälfte wichtig. Auch die motorische und die kognitive Entwicklung sind stark miteinander verbunden. Wer sein Kind intellektuell fördern möchte,

sollte wissen, dass motorische Bereiche eine wichtige Voraussetzung dafür darstellen. Kinder mit motorischen Defiziten haben öfter Lernschwierigkeiten. Anna Jean Ayres hat bei ihren Forschungen auf diesem Gebiet die sogenannte sensorische Integration entwickelt, deren zentrales Anliegen es ist, Kinder in ihrer körperlichen Selbstwahrnehmung zu fördern. Auch die Edukinästhetik beschäftigt sich mit dem Lernen in Bewegung und der Verbindung der beiden Gehirnhälften. In beiden Forschungsgebieten wurden entsprechende

Übungen entwickelt und einige sind hier beschrieben. Neben der Förderung motorischer Sensibilität und Koordination wirken die Übungen entspannend und konzentrationsfördernd, sie eignen sich deshalb auch hervorragend für kleine Lernpausen. Wenn Ihr Kind bei den Hausaufgaben schlappmacht, lassen Sie es eine der Übungen auswählen. Alternativ auch oft hilfreich, kurzweilig und einfach: kurz aufstehen und ausschütteln, erst den linken, dann den rechten Arm, danach das linke und dann das rechte Bein.

Dein VOR-SCHUL-KALENDER

	Montag	Dienstag	Mittwoch	Donnerstag
Woche 1				
Woche 2				
Woche 3				
Woche 4				

Dein erster Schultag!

Freitag **Samstag** **Sonntag**

Nur noch 4 Wochen bis zum Schulanfang! Du kannst jeden Tag ein Feld bunt ausmalen und immer wieder zählen, wie viele Tage es noch bis zum ersten Schultag sind. Was machst du in der Zeit? Schreibe oder zeichne mit Hilfe deiner Eltern ein, wann Urlaube, Ausflüge oder andere Termine geplant sind.

Rituale rund um den ersten Schultag sind regional unterschiedlich. In Berlin zum Beispiel kommen die Erstklässlerinnen und Erstklässler erst eine Woche nach den älteren Kindern in die Schule. Am Samstag vor dem ersten Schultag findet meistens eine Einschulungsfeier statt. Üblicherweise werden die „Ersties" dabei von älteren Jahrgängen – oft auch mit kleinen Aufführungen – begrüßt. Einige Freunde oder Verwandte können dazu eingeladen werden und die Kleinen erhalten ihre Schultüten. Um die Schule besser kennenzulernen, gibt es manchmal die Möglichkeit, bereits vorab eine Woche – oder auch länger – in den Ferienhort zu gehen. Das ist eine gute Gelegenheit für das Kind, sich schon mit dem Schulgelände, ersten neuen Kindern und Betreuern vertraut zu machen. Meist sind noch nicht allzu viele Kinder da und es geht noch verhältnismäßig ruhig zu, was eine entspannte erste Vorschulwoche möglich macht. Erkundigen Sie sich, welche Angebote die zukünftige Schule Ihres Kindes für Schulneulinge bereithält.

Was hoffst du, wird in deiner Schultüte sein? Zeichne oder schreibe neben die Sterne, was du dir wünschst.

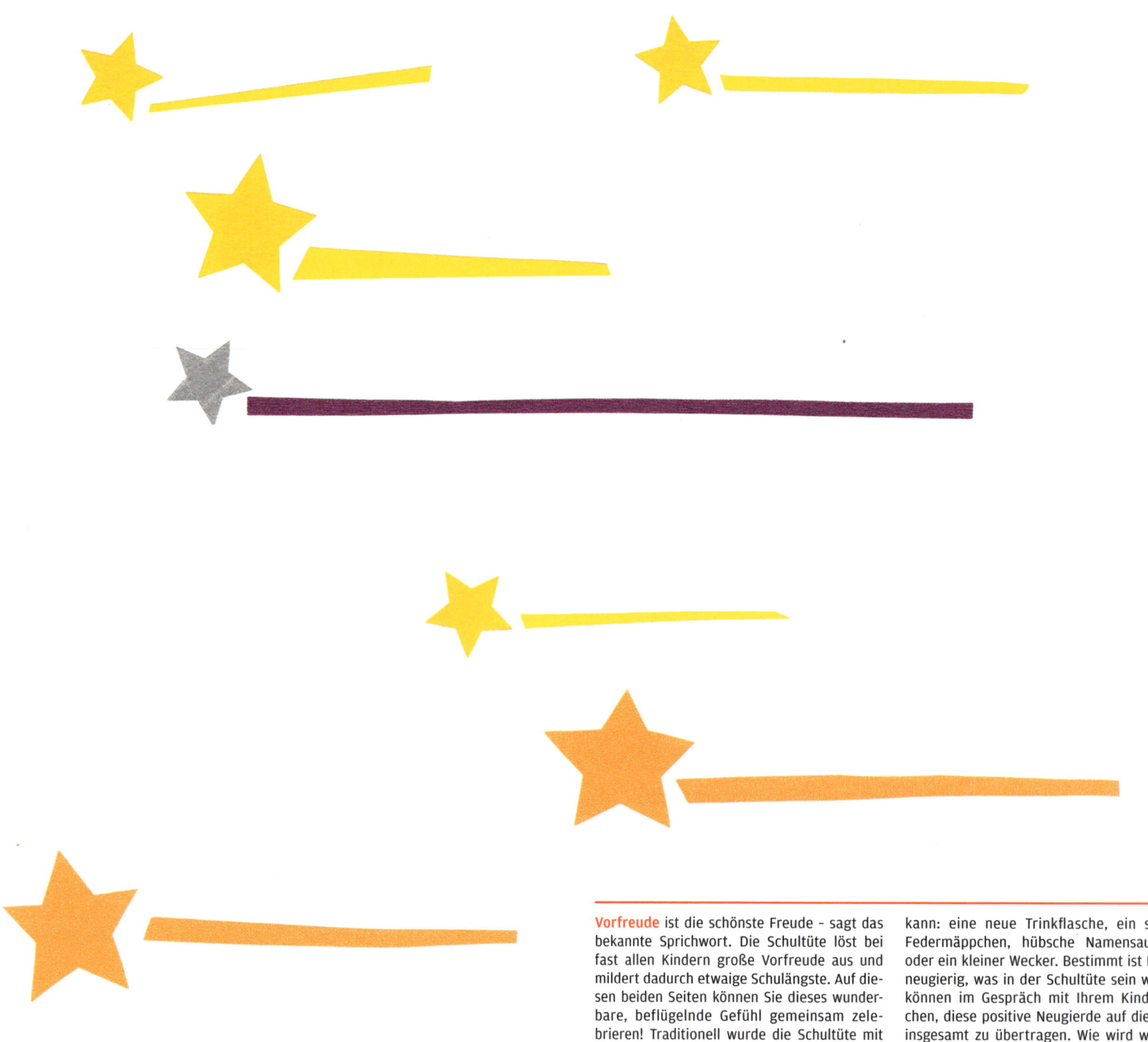

Vorfreude ist die schönste Freude – sagt das bekannte Sprichwort. Die Schultüte löst bei fast allen Kindern große Vorfreude aus und mildert dadurch etwaige Schulängste. Auf diesen beiden Seiten können Sie dieses wunderbare, beflügelnde Gefühl gemeinsam zelebrieren! Traditionell wurde die Schultüte mit vielen süßen Sachen befüllt, um Kindern den Schulanfang zu versüßen – deswegen heißen sie in manchen Gegenden auch „Zuckertüten". Besser als lauter Süßkram sind vielleicht auch kleine Dinge, die Ihr Kind nun gut brauchen kann: eine neue Trinkflasche, ein schönes Federmäppchen, hübsche Namensaufkleber oder ein kleiner Wecker. Bestimmt ist Ihr Kind neugierig, was in der Schultüte sein wird. Sie können im Gespräch mit Ihrem Kind versuchen, diese positive Neugierde auf die Schule insgesamt zu übertragen. Wie wird wohl das Klassenzimmer aussehen? Welche Hefte und Bücher wird es in der Schule geben? Neugierde ist ein guter Wegbegleiter im Umgang mit Veränderungen.

Kennst du schon die Zahlen von 1 bis 9? Schreibe sie in der richtigen Reihenfolge ab.

Für den Erwerb konkreter Lese-, Schreib- und Rechenkompetenzen reicht es, auf die Schule zu warten. Allerdings haben auch viele Vorschulkinder bereits Freude daran. Auf dieser und den nächsten beiden Doppelseiten finden Sie einige Hinweise, wie Sie Ihr Kind beim Erlernen dieser ersten Fertigkeiten unterstützen können. Wenn Ihr Kind die Reihenfolge der Zahlen noch nicht kennt, schreiben Sie diese auf ein Blatt Papier. Lassen Sie Ihr Kind die Zahlen von 1 bis 9 auf der Buchseite suchen.

Manche Kinder kommen schon mit 5 Jahren in die Schule, andere mit 6 oder 7. Wie alt wirst du an deinem ersten Schultag sein? Schreibe die Zahl groß auf diese Seite und zeichne ebenso viele Lachgesichter dazu.

Die Lernentwicklung von Kindern ist sehr unterschiedlich. Die Pädagogin Maria Montessori beschrieb, dass Kinder in sogenannten sensiblen Phasen eine selektive Wahrnehmung entwickeln: Dinge, die für das Kind in dieser Phase wichtig und interessant erscheinen, werden von ihm ins Blickfeld gerückt und alles andere hat dann eben weniger große Bedeutung. Jedes Kind hat einen ganz eigenen Rhythmus und gerät zu sehr unterschiedlichen Zeiten in diese sensiblen Phasen, in denen es dann Interesse an unterschiedlichen Lernfeldern entwickelt: vom Laufen und Sprechen bis zum Lesen, Schreiben und Rechnen lernen. In Montessori-Kindergärten und -schulen, in denen Kinder selbstbestimmter lernen, ist dies gut zu beobachten. Vielleicht haben Sie es aber auch im Alltag schon bemerkt: Wenn Ihr Kind Interesse hat, kochen zu lernen, hilft es gerne beim Gemüseschnippeln, wenn Putzen interessant wird, macht auch Staubsaugen Spaß. Ebenso wird Ihr Kind sich voraussichtlich in manchen Phasen bevorzugt mit Zahlen beschäftigen, in anderen mit dem Lesen- oder Schreibenlernen. Auch wenn dies nicht in allen Schulsystemen Berücksichtigung findet, kann Ihnen dieses Wissen helfen, den individuellen Lernrhythmus Ihres Kindes besser zu verstehen. Vielleicht finden Sie Wege, die jeweils aktuelle Phase Ihres Kindes zu unterstützen. Auf jeden Fall wird es Ihnen damit leichter fallen, geduldig zu sein, wenn Ihr Kind phasenweise wenig Interesse an etwas hat.

Kennst du schon einige Buchstaben? Kreise sie ein.

Lesen und Schreiben lernen. Ihr Kind ist bestimmt stolz auf das, was es schon weiß. Und sicherlich freut es sich auch über Ihr Lob. Wichtiger ist es aber zu erkennen, dass es gar nicht darum geht, schon alles zu wissen, sondern darum, Spaß dabei zu haben, immer mehr zu entdecken und zu lernen. Wenn Sie mit Ihrem Kind gemeinsam die Buchstaben suchen, achten Sie darauf, dass Sie zum Beispiel das „B" als [B] und nicht als [Be] aussprechen. Dasselbe gilt für [D] statt [De] und [L] statt [eL] und so weiter. Diese Lautsprache erleichtert Ihrem Kind das Lesen- und Schreibenlernen. Wenn Sie nach ein paar Schulwochen zu dieser Seite zurückkehren, wird Ihr Kind schon mehr Buchstaben kennen. Dann wird es stolz auf seine Entwicklung sein. Achten Sie darauf, keinen Druck aufzubauen. Es ist nicht wichtig, wie viele Buchstaben Sie miteinander an einem Tag ansehen. Vielleicht kennt Ihr Kind auch noch gar keinen Buchstaben. Hauptsache ist die Freude an der Sache. Und wenn Ihr Kind gerade keine Freude daran hat? Dann haben Sie Geduld! Die kommt schon noch.

Nimmst du manchmal beim Zählen oder Rechnen deine Finger zur Hilfe? Das ist schlau! Versuche einmal, 2 + 3 mit deinen eigenen Fingern nachzurechnen.

2 + 3 =

Am Anfang der mathematischen Laufbahn ist das Rechnen mit konkreten Dingen für Kinder sehr wichtig. Auf diese Art BEGREIFEN sie im wahrsten Sinne des Wortes die Menge von Dingen, denn Zahlen sind zunächst nur abstrakte Zeichen auf dem Papier. Deshalb rechnen fast alle Kinder anfangs mit den Fingern. Aber auch darüber hinaus ist es zumindest in den ersten beiden Schuljahren – zum Beispiel bei den Hausaufgaben – hilfreich, wenn Sie konkrete Dinge „ins Spiel" bringen. Gut eignen sich Buntstifte, Kastanien, Erbsen, ungekochte Kichererbsen, ungekochte Nudeln oder Münzen. Selbst später, bei den ersten kleinen Malreihen, kann es helfen, mit Gegenständen zu arbeiten. Dadurch verstehen Kinder besser das Prinzip der Malrechnung. Zwei Kichererbsen für den Teddybären, zwei Kichererbsen für die Kuschelmaus und zwei Kichererbsen für das Legomännchen, also 3 × 2 macht, noch mal nachzählen: 6. Lassen Sie dabei Ihr Kind die Dinge selbst legen! Das Selbsttätigsein ist in diesem Lernprozess wichtig, um die Rechenmethode zu verinnerlichen.

Wenn du rechnen lernst, können auch viele andere Dinge dir dabei helfen. Zähle die Kastanien, die Erbsen und die Stifte auf dieser Seite. Wenn du möchtest, schreibe daneben als Zahl, wie viele du gezählt hast. Welche Dinge kannst du noch zum Zählen oder Rechnen nutzen? Zeichne auf, welche dir einfallen!

Hast du noch mehr Lust auf Zahlen? Schnapp dir ein Lineal und lass dir zeigen, was ein Zentimeter ist. Und los gehts: Wie viele Zentimeter lang ist der Körper der kleinen Schlange? Und der Körper der großen Schlange? Kannst du vielleicht herausfinden, um wie viele Zentimeter größer die große Schlange ist? Lass dir dabei helfen.

Schau in deinem Vor-Schul-Kalender nach und schreib hier auf, wie viele Tage es jetzt noch bis zum ersten Schultag sind. Und hier noch ein paar Fragen:

Freust du dich schon auf die Schule?

☐ JA ☐ NEIN

Worauf freust du dich? Worauf nicht?

Was haben dir ältere Kinder über die Schule erzählt?

Warst du schon einmal in der Schule zu Besuch? ☐ JA ☐ NEIN
Wenn ja, was hat dir besonders gut gefallen?
Wenn nein, wie stellst du es dir dort vor?

Hast du auch ein bisschen Angst vor der Schule? Wenn ja, warum?

Wann wirst du aufstehen, um rechtzeitig in die Schule zu kommen? Ist das früher als du bisher aufgestanden bist? Wenn es eine Uhr in eurer Wohnung gibt, schreibe die Zahlen ab und zeichne mit Zeigern ein, wann du aufstehen musst.

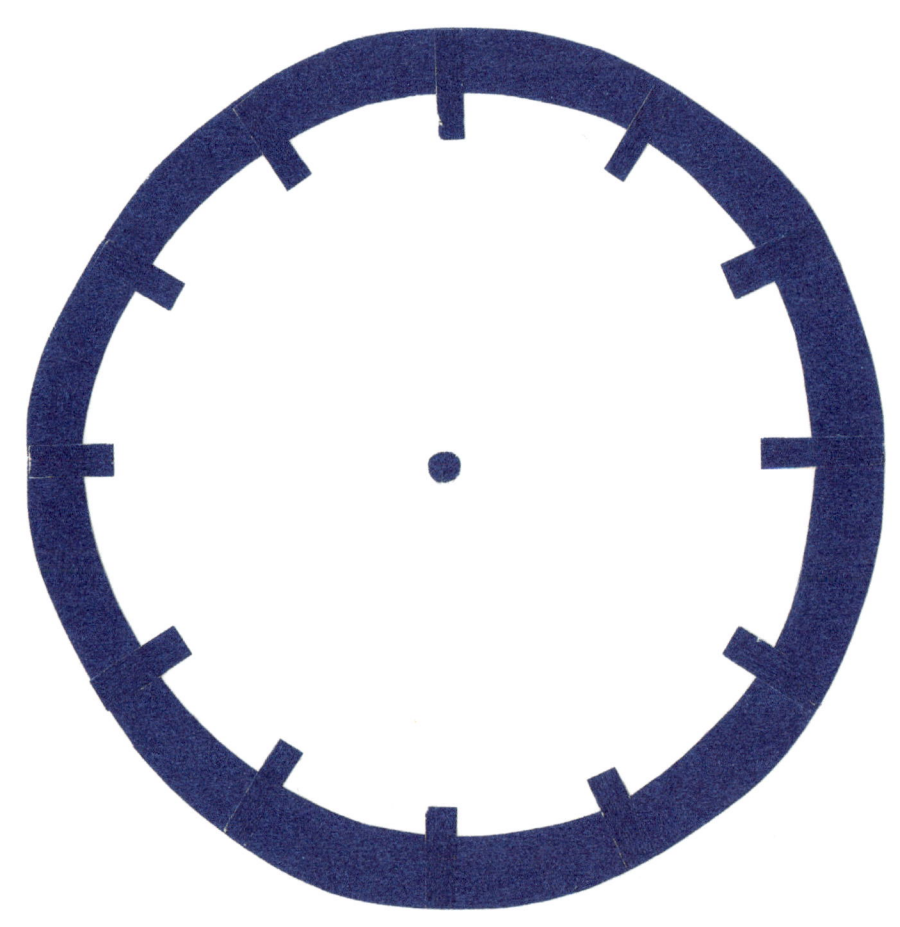

Ein entspannter Morgen kann sich nur einstellen, wenn alle früh genug aufstehen, damit genug Zeit für alles ist. Oft ist die Umstellung vom „Kindergartenmorgen" zum „Schulmorgen" nicht einfach, weil die Schule früher beginnt und Pünktlichkeit jetzt noch wichtiger ist. Für Schulanfängerinnen und Schulanfänger ist es wichtig, mit einem gelösten Gefühl zur Schule zu gehen, denn dort warten viele neue Anforderungen auf sie. Hilfreich ist, wenn sich alle gut auf die morgendlichen Abläufe vorbereiten. Es nimmt Zeitdruck aus dem Morgen, wenn möglichst viel schon am Abend erledigt wird. Deshalb ist es zum Beispiel eine gute Idee, die Anziehsachen für den nächsten Tag bereits am Abend – am besten gemeinsam – herauszulegen. Vielleicht können Sie auch andere Dinge vorbereiten?

Damit du dich morgens nicht so beeilen musst,
kannst du schon am Abend manches vorbereiten.
Zum Beispiel:

Alle Anziehsachen für den nächsten
Tag bereitlegen

Nachschauen, ob alles im
Schulranzen ist, was du brauchst

Den Frühstückstisch
decken

Fällt dir noch mehr ein? Schreibe oder zeichne es dazu!

Am Morgen sind ein paar Sachen zu tun, bis du fertig für die Schule bist. Was musst du alles machen? Sprich mit deinen Eltern darüber. Schneide dann die kleinen Bilder unten auf der nächsten Seite aus und klebe sie in der abgemachten Reihenfolge in den grünen Guten-Morgen-Plan. Zeichne in den Wecker ein, wann du aufstehst, und schreibe neben die Tür, wann du aus der Wohnung gehst.
Hier auf dieser Seite kannst du aufmalen, welche leckeren Sachen du dir zum Mitnehmen für die Essenspause in der Schule wünschst.

Ein klarer Ablauf ist hilfreich, damit Ihr Kind weiß, wann was von ihm erwartet wird. Besprechen Sie gemeinsam, wer wann was macht, damit der morgendliche Ablauf zum eingespielten Ritual wird. Dabei hilft Ihnen der „Gute-Morgen-Plan", den Sie gemeinsam gestalten und dann in der Wohnung aufhängen können. Schreiben Sie zur Orientierung für sich selbst auch konkrete Uhrzeiten in den Plan und notieren Sie, wann Sie was zeitgleich mit Ihrem Kind erledigen. Ein immer gleicher Ablauf schafft Orientierung. Bis sich dieser eingespielt hat, sind wiederholte Aufforderungen nötig. Auch wenn Sie manchmal genervt sind, weil Sie etwas zum gefühlt tausendsten Mal sagen: Machen Sie sich bewusst, dass es ganz normal ist, dass Kinder oft erst durch mehrmalige Wiederholung lernen. Wenn irgendetwas, zum Beispiel das Zähneputzen, ein besonderes Problem darstellt, können Sie einen Wecker stellen, der ankündigt, wann es Zeit dafür ist – vielleicht einen mit einem lustigen Tiergeräusch. Das Ziel sollte sein, dass Ihr Kind sich weitgehend selbstständig durch den Morgen bewegt.

GUTER-MORGEN-PLAN

KIND

ELTERN

1

2

3

4

UHR

UHR

UHR

UHR

UHR

Zähneputzen

Frühstücken

Anziehen

Schuhe anziehen

Endlich Schulkind!

zeichne ein Bild von dir am ersten Schultag.

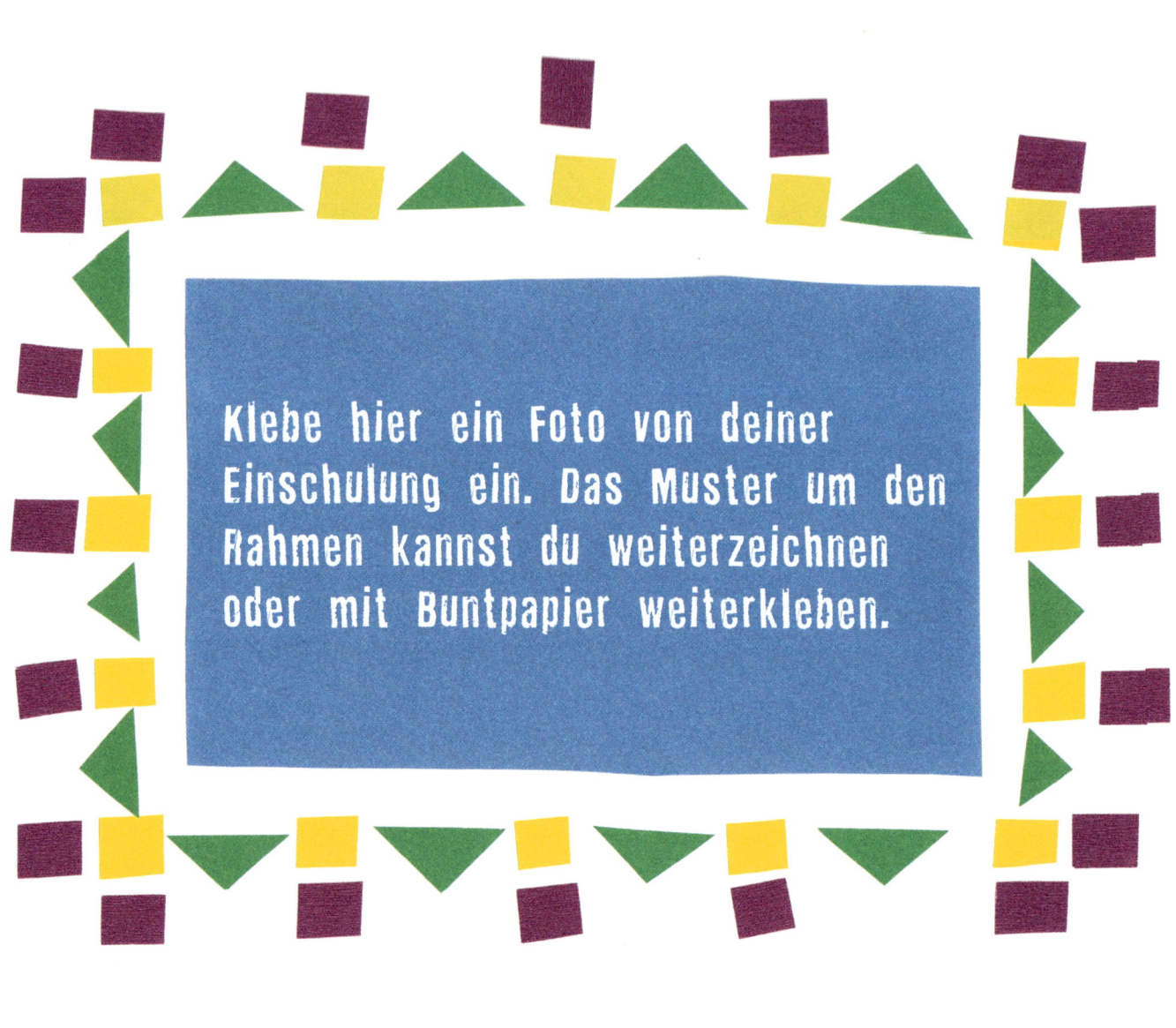

Klebe hier ein Foto von deiner Einschulung ein. Das Muster um den Rahmen kannst du weiterzeichnen oder mit Buntpapier weiterkleben.

Wie war dein erster Schultag? Erzähle davon!

Was gefällt dir bis jetzt am besten in der Schule?

Hast du schon ein neues Lied gelernt? Sing es vor.

An welche Dinge aus der Kindergartenzeit erinnerst du dich gerne?

Im Austausch mit dem eigenen Kind zu bleiben, ist natürlich weiterhin das A und O einer guten Begleitung der Schulzeit. Am liebsten wollen Eltern hören, dass ihre Kinder in der Schule einfach nur alles super finden. Aber es ist ebenso verständlich und normal, dass manches toll ist und anderes eben nicht. Wenn etwas nicht so gut läuft oder sich für Ihr Kind nicht gut anfühlt, können Sie gemeinsam der Ursache auf den Grund gehen und vielleicht etwas an den Umständen oder dem Umgang damit verändern. Oft kommt ein Gespräch in Gang, wenn Eltern nach dem Warum fragen. Wenn Sie mit Impulsfragen ein Gespräch in Gang setzen wollen, versuchen Sie Ja-Nein-Fragen zu vermeiden – die Antwort auf sie fällt meistens entsprechend knapp aus. Konkrete Fragen könnten sein: Was gab es heute zu essen? Was hat dir im Sport gefallen? Was hast du heute in Deutsch gelernt? Was hat deine Lehrerin heute so alles gesagt? Was war heute besonders schön und was war heute vielleicht besonders anstrengend oder nicht schön? Bedenken Sie, dass sich die Wahrnehmung und die Gefühle bei Kindern noch viel rascher wieder verändern als bei uns Erwachsenen. Generell reden manche Kinder von sich aus gerne über die Schule. Andere aber nicht und sie werden auch ungern gefragt. Solange Sie nicht ernsthaft besorgt sind, ist es meistens gut und richtig, allem voran zu akzeptieren, dass Ihr Kind langsam, aber sicher beginnt, seine Privatsphäre einzufordern.

Wie sieht deine Lehrerin oder dein Lehrer aus?

Was magst du am liebsten an deiner Lehrerin oder deinem Lehrer?

Wie findest du die anderen Erwachsenen in der Schule?

Ein guter Eltern-Lehrer-Kontakt hilft allen, eine gute Grundschulzeit miteinander zu verbringen. Was auch immer Ihnen auf dem Herzen liegt – ob ein Konflikt zwischen Ihrem Kind und anderen, Sorge, was die Lernentwicklung Ihres Kindes betrifft, oder andere Probleme: Sprechen Sie mit der Lehrerin / dem Lehrer Ihres Kindes darüber. Meistens gilt: je früher desto besser, denn dann können Sorgen nicht unnötig wuchern und aus Mücken keine Elefanten werden (und falls nötig, kann auch rechtzeitig eingegriffen werden).

Auch wenn Sie die Lehrkraft Ihres Kindes noch nicht gut kennen: Versuchen Sie es im direkten Kontakt mit einem Vertrauensvorschuss! Anerkennen Sie Kompetenz und Fachkenntnis. Selbst wenn Sie mit einem Umstand nicht zufrieden sind, versuchen Sie erst einmal, die Gründe dafür zu erfahren. Oft haben sich Dinge im Laufe der Zeit unter bestimmten Bedingungen entwickelt und Kritik oder Änderungswünsche sollten deshalb behutsam angebracht werden.

Male in das Schulhaus ein Bild von deiner Lehrerin oder deinem Lehrer. Wenn du das nicht möchtest, Zeichne etwas, was dir in der Schule besonders gefällt.

MEINE SCHULE

Hast du schon neue Freunde und Freundinnen in der Schule gefunden? Was magst du an den Kindern in deiner Klasse und was magst du nicht so gerne? Kannst du sagen, welches Kind zu welchem Tier passt? Wer könnte die Katze sein? Und warum? Welches Tier bist du? Schreibe (mit Hilfe) die Namen der Kinder neben die Tiere. Male, wenn du magst, noch Tiere dazu.

Freundschaften sind für das Wohlbefinden von Kindern in der Grundschule meist ziemlich entscheidend. Fragen Sie Ihr Kind deshalb nicht nur nach den Ereignissen im Unterricht, sondern vor allem auch nach seinen sozialen Beziehungen: Mit wem hast du heute gespielt? Hast du heute einem anderen Kind bei etwas geholfen oder hat dir jemand geholfen? Mit wem bist du beim Essen an einem Tisch gesessen? Diese Seite mit dem „Tierspiel" können Sie als Anregung nutzen, um locker, spielerisch und mit ein bisschen Humor – natürlich, ohne sich über andere lustig zu machen – etwas mehr über die Klassenkameradinnen und -kameraden Ihres Kindes zu erfahren. Anhand der Tiervergleiche können Gefühle und Eigenschaften oft einfacher besprochen werden. Wer fühlt sich heute faul wie ein Faultier? Ist Theo so süß wie ein kuscheliges Kaninchen? Ist Leonie so furchteinflößend wie ein fauchender Löwe? Freundschaften werden oft aufgrund von Ähnlichkeiten geschlossen. Aber gerade die Unterschiede bereichern unser Leben auf Dauer und sorgen dafür, dass es nicht langweilig wird. In Beziehungen zu anderen Kindern erwirbt Ihr Kind soziale Kompetenzen, die es ein Leben lang brauchen wird. Bleiben auch Sie neugierig auf die neuen kleinen Menschen, die in das Leben Ihres Kindes treten. Manche Freundschaften, die jetzt entstehen, werden Ihr Kind über Jahre oder Jahrzehnte begleiten. Um Bindungen anzuregen oder zu festigen, kann es Wunder wirken, wenn sich die Kinder gegenseitig zu Hause besuchen, um sich besser kennen und verstehen zu lernen.

Marianne

Ena

Gabi

Mit herzlichem Dank für unendliche Inspiration an meine Tochter Ena!
Und an meine Mama, die mich mit viel Geduld an ihrem reichen
Erfahrungsschatz als Grundschullehrerin teilhaben ließ.

© Verlag Antje Kunstmann GmbH, München 2021
Idee, Texte und Gestaltung: Marianne Kampel
Druck und Bindung: Pustet, Regensburg
ISBN 978-3-95614-437-0
www.kunstmann.de